Alle Jahre wieder

Text und Melodie: Friedrich Silcher, 1789–1860

Al - le Jah - re   wie - der   kommt das Chri - stus-

-kind   auf die Er - de   nie - der,

wo   wir Men - schen   sind.

2. Kehrt mit seinem Segen
ein in jedes Haus,
geht auf allen Wegen
mit uns ein und aus.

3. Ist auch mir zur Seite
still und unerkannt,
daß es treu mich leite
an der lieben Hand.

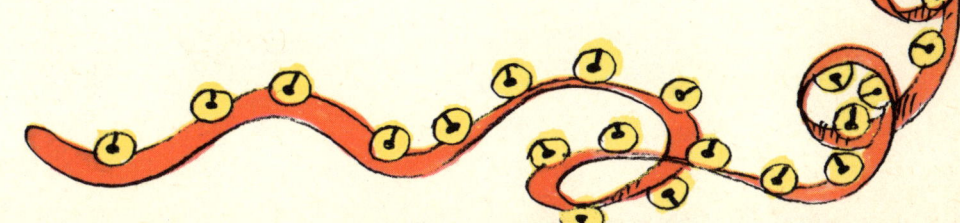

Richard Scarry

Mein allerschönstes Weihnachtsbuch

Deutsch von Bettina Runge

Delphin Verlag

3. Auflage 1984
© 1981 by Richard Scarry.
All rights reserved.
Das Originalbuch erschien unter dem Titel
»Best Christmas Book Ever« im Verlag
Random House, Inc., New York.
© 1982 by Delphin Verlag GmbH, München und Zürich.
Alle Rechte vorbehalten.
Satz: Fotosatz Schwanke + Holzmann, München.
Druck: Appl, Wemding.
Bindung: R. Oldenbourg, Heimstetten.
Printed in Germany · ISBN 3.7735.5137.1

Es weihnachtet sehr!

Schaffenau rüstet sich zum Weihnachtsfest. Die Feuerwehrmänner
bringen Lichtergirlanden an den Häusern an. In den Geschäften
wimmelt es von Käufern. Alle haben schrecklich viel zu tun. Seht nur!
Da sind auch die dicke Hilda, das Kätzchen Ulrich und seine
Schwester Ulrike. Sie sitzen auf einem großen Schlitten. Der Wurm
Egon zieht ihn mit seinem Apfelmobil. Was haben sie denn vor?

Sie fahren aufs Land, um einen Weihnachtsbaum
zu holen! Bauer Wutz hat viele schöne Tannen
auf seinem Hof. Vielleicht schenkt er ihnen eine.
Wenn er erfährt, was sie mit dem Baum vorhaben,
ist er sicher gern bereit, ihnen zu helfen.

HAU RUCK!

Ulrich und Ulrike sind noch zu klein, um Bäume
zu fällen. Sie sind aber schon groß genug,
um Tannenzweige für Kränze zu sammeln!

Hilda fällt die Tanne mit einer Axt.
Es ist weit und breit der größte Baum.
Schon kippt er um. A-a-achtung!

Alle helfen dabei, die Tanne auf den Schlitten zu heben.
»Besuch uns, sobald der Baum geschmückt ist«, sagt Ulrich.
»Ich werd's versuchen«, erwidert Bauer Wutz. Er ist nämlich
eingeschneit. Egon zieht den Schlitten in die Stadt zurück.

Der Baum wird mitten auf
dem Rathausplatz aufgestellt und
mit Kerzen und Zuckerwerk geschmückt.
Egon befestigt einen Stern an
der Spitze. Alle kommen,
um den Baum zu bewundern – sogar
Bauer Wutz. Jetzt erst ist Schaffenau
wirklich zum Weihnachtsfest gerüstet.

Doktor Hals- und Beinbruch hat immer zu tun

Doktor Hals- und Beinbruch ist immer
für seine kranken Patienten da.
Manchmal ist es gar nicht leicht, all
die vielen Hausbesuche zu machen.
Im Winter zum Beispiel bleibt sein Wagen
häufig im Schnee stecken.

Wenn die Straßen vereist sind, muß er
besonders vorsichtig fahren.
Gib acht, Doktor Hals- und Beinbruch,
dein Wagen gerät ins Schleudern!

Im Frühling regnet es manchmal
so heftig,
daß die Straßen überflutet sind.
Dann kommt er nicht von der Stelle.
Was tun? Schließlich ist
sein Auto kein Motorboot!

Häufig bleibt er auch im Schlamm stecken.
Es kostet viel Kraft, den Wagen
wieder heraus zu schieben, und nachher
sieht er wie ein Schmutzfink aus.

Aber Doktor Hals- und Beinbruch
gibt nie auf. Seine kranken
Patienten sind sehr froh darüber.
»Wir werden Weihnachten an dich
denken«, versprechen ihm alle.

Mutter Knolle beklagt sich nicht
über die holprige Fahrt
zum Krankenhaus. Sie ist dankbar,
daß Doktor Hals- und Beinbruch
sie hinfahren kann.

Vorsicht, eine Kurve,
Dr. Hals- und Beinbruch! Zu spät...
Der Wagen saust über die Leitplanke
und stürzt in den See. Zum Glück ist
Kapitän Quiek gleich zur Stelle.

FROHE
WEIHNACHTEN

Dann ist Weihnachten. Und — stellt euch vor — alle haben an ihren lieben Doktor gedacht.
Sie schenken ihm gemeinsam einen ganz neuen Hubschrauber.
Jetzt kann er ungehindert seine Hausbesuche machen.
»Frohe Weihnacht!« wünschen sie Doktor Hals- und Beinbruch, ihrem fliegenden Arzt!

Der grimmige Herr Eberich

Herr Eberich ist ein richtiger Griesgram.
Er schimpft auf alles und jeden.
Am meisten aber schimpft er auf Kinder.
»Kinder?« brummt er vor sich hin,
»wozu können die schon gut sein?«
Wenn er einem Kind begegnet, knurrt er:
»Geh mir aus den Augen, du freches Gör!«

Herr Eberich ist steinreich.
Er wohnt in einem großen Haus
mit einem Teich davor.
Im Winter könnte er auf dem Teich
Schlittschuh laufen. Doch das
tut er nicht. Herr Eberich
hält nämlich nichts von Spaß.

Und er hält auch nichts von Freunden.
Er lebt ganz allein in seinem
riesigen Haus. Er läßt
niemanden herein, nicht einmal
eine Putzfrau. Und deshalb
sieht es bei ihm aus wie
in einem richtigen Schweinestall.

Eines schönen Tages, kurz vor Weihnachten,
schlägt Egon vor, daß sie alle
auf Herrn Eberichs Teich Schlittschuh
laufen könnten.

»Wir sollten ihn zuerst um Erlaubnis
bitten«, meint Ulrich. »Ach was, ich bin sicher,
Herr Eberich hat nichts dagegen«,
erwidert Egon.

Aber Herr Eberich
hat doch etwas dagegen! Er kommt
zum Teich gerannt und fuchtelt
wütend mit seinem Spazierstock
in der Luft herum.
Er springt aufs Eis und...

Vorsicht, Egon!

Bums!

Da rutscht Herr Eberich aus.

KNACKS! Das Eis bricht,
und er plumpst ins kalte Wasser. Brrr!

»Hilfe! So rettet mich doch!« schreit er.
Er möchte herausklettern, doch das Eis bricht
immer weiter auf. Anfangs finden die Kinder,
daß es dem mürrischen Herrn Eberich ganz
recht geschieht, aber dann tut er ihnen doch leid.

»Er wird in dem eiskalten Wasser
erfrieren«, sagt Ulrich.
»Wir müssen ihm helfen.«

»Laßt mich nicht allein zurück!«
jammert Herr Eberich,
als er die Kinder fortlaufen sieht.

Aber sie lassen ihn nicht im Stich.
Sie holen nur eine Leiter.

Ulrich legt die Leiter
auf das Eis.

Egon windet sich wie ein Seil um Herrn Eberichs Nase.
»Was haben diese frechen Gören nur vor?«
fragt sich Herr Eberich. Dann ziehen alle an Egon.

Langsam ziehen sie Herrn Eberich aus
dem Wasser aufs Eis. »Du bist das beste
Seil, das ich je gesehen habe, Egon«, ruft
Ulrich.

»Jetzt weiß ich, wozu Kinder gut sind«,
sagt Herr Eberich. »Sie können einen
mürrischen, alten Griesgram wie mich
retten.«

Und Herr Eberich verspricht, sich zu bessern.
Als erstes veranstaltet er ein großes
Weihnachtsfest für alle Kinder. Das macht ihm
selbst soviel Spaß, daß er beschließt, sein
Haus in ein Kinderspielhaus zu verwandeln.

Seither wird er nicht mehr der grimmige und
mürrische, sondern der freundliche und fröhliche
Herr Eberich genannt. Er sorgt dafür,
daß die Kinder in seinem Haus stets viel Freude
haben. Fröhliche Weihnachten, Herr Eberich!

Postbote Stempel und Tante Kati

Postbote Stempel hat zur Weihnachtszeit mehr zu tun denn je. Er muß unendlich viele Weihnachtsbriefe und -päckchen austeilen. Heute hat er einen Brief für die alte Tante Kati. Das freut ihn ganz besonders, denn Tante Kati lebt allein und hat keine Freunde.

Tante Kati freut sich natürlich auch. »Kommen Sie doch bitte herein und trinken Sie schnell eine schöne Tasse heiße Schokolade, während ich den Brief lese«, sagt sie.

Tante Kati liest und bricht in Tränen aus. »Hu, hu, hu!« weint sie. »Meine Nichte ist krank und kann mich Weihnachten nicht besuchen. Ich werde ganz allein sein!« Postbote Stempel weint vor Mitleid gleich mit. »Hu, hu, hu!«

Auf dem Rückweg zum Postamt trifft Postbote Stempel auf Egon und erzählt ihm Tante Katis schlechte Nachricht. Beide sind sehr traurig. »Wir müssen etwas für sie tun«, sagt Egon.

Dann erzählt Egon Ulrich von
der einsamen Tante Kati.

Und Ulrich erzählt es seiner Mutter.
»Hu, hu, hu!« weint er.

Die Mutter erzählt es Oma Borstel.
»Das ist ja schrecklich«, schluchzen sie.

Oma Borstel erzählt es Polizist Eilig.
Selbst der tapfere Polizist weint!
»Hu, hu, hu!«

 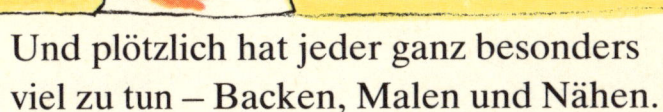

Bald kennen alle Leute in Schaffenau
die traurige Geschichte von Tante Kati.

Und plötzlich hat jeder ganz besonders
viel zu tun – Backen, Malen und Nähen.

Wer, glaubt ihr wohl, kommt Tante Kati am Weihnachtsmorgen besuchen?
Alle Bewohner von Schaffenau! Und jeder trägt ein Geschenk unterm Arm.
Tante Kati ist überglücklich, daß sie so viele Freunde hat.

Ärger in Nikos Werkstatt

In Nikos Werkstatt sind
Hunderte von Heinzelmännchen beschäftigt.
Sie arbeiten den lieben langen Tag
und basteln Spielsachen, die Niko
Weihnachten unter die Kinder verteilt.

SPIELZEUGKAMMER

Viele der Heinzelmännchen würden am liebsten
auch nachts arbeiten, doch das läßt Niko nicht zu.
»Ihr braucht den Schlaf, damit ihr am nächsten Tag
wieder viel und gut arbeiten könnt«, erklärt er ihnen.
Und sie müssen Niko gehorchen – ob sie wollen
oder nicht –, weil er nachts alles Spielzeug einschließt.

Doch eines Morgens muß Niko
feststellen, daß er den
Schlüssel zur Spielzeugkammer
verloren hat.

SPIELZEUGKAMMER

Niko und Frau Lausi suchen
überall nach dem Schlüssel,
doch sie können ihn
nicht finden.

»Ich hab's!« sagt Niko, »ich rufe einfach meinen Freund Egon an und bitte ihn, mir verschiedene Schlüssel vorbeizubringen.

Egon freut sich, daß er Niko einen Gefallen tun kann.

Er geht zum Schmied und läßt sich große Schlüssel und kleine Schlüssel, dicke Schlüssel und dünne Schlüssel mitgeben.

Dann steigt er in seinen Apfelschrauber und fliegt zum Nordpol, wo Niko und seine Heinzelmännchen auf ihn warten.

Niko führt Egon zur verriegelten Tür der Spielzeugkammer.
»Einer der Schlüssel wird bestimmt passen«, meint Egon.

Er versucht's
mit dem ersten.
Der paßt nicht.

Er versucht's mit dem zweiten,
dem dritten, dem vierten.
Doch keiner der Schlüssel
will in das Schloß passen.

»Wie schrecklich!« stöhnt Egon.
»Wenn ich das Schloß nicht öffnen kann,
dann gibt's zu Weihnachten kein Spielzeug.«
Er hält sein rechtes Auge
vor das Schlüsselloch und schaut hinein.
Und plötzlich kommt ihm eine Idee.

Er zieht seinen Schuh aus.

Dann seine Socke.

Er biegt seinen nackten Fuß herum.

Schließlich steckt er seinen Fuß ins Schlüsselloch und dreht langsam seine Zehe herum.

KLICK! macht das Schloß. Egon strahlt. »Geschafft!«

SPIELZEUGKAMMER

Die Heinzelmännchen tragen geschwind das Spielzeug zu ihren Werkbänken. Jetzt bekommen die Kinder doch ihre Geschenke zu Weihnachten. Hurra!

»Darf ich auch etwas basteln, bevor ich gehe?« fragt Egon. »Gern«, sagt Niko. »Wir freuen uns über jede Hilfe.«

Dann bedankt sich Niko noch einmal ganz herzlich. Egon hüpft in seinen Apfelschrauber und fliegt zurück.

NÄGEL   LEIM   KNÖPFE

Wer weiß, vielleicht findest du auf deinem Gabentisch gerade das Spielzeug, das Egon gebastelt hat!

Hilda greift ein

Es ist die letzte Nacht vor Weihnachten.
Niko ist unterwegs, um den Jungen
und Mädchen auf der ganzen Welt
Geschenke zu bringen. Hier seht ihr
ihn über Schaffenau. Zu allererst hält
er bei Polizist Eilig an. Niko hat ein
paar wunderschöne Spielsachen für
den kleinen Fixi Eilig.

BUMS! Da macht Nikos Schlitten
eine Bruchlandung, und eine
der Kufen zerbricht!
»Was hat das Getöse auf meinem
Dach zu bedeuten?« fragt
Polizist Eilig schlaftrunken.

Er klettert hinauf und ist sehr überrascht, als er Niko mit seinem zerbrochenen Schlitten sieht. »Um Himmelswillen!« ruft er. »Ich weiß gar nicht, wie man einen Schlitten repariert. Am besten hole ich sofort Hau Ruck.«

Polizist Eilig schwingt sich auf sein Motorrad und jagt zu Hau Rucks Haus. Er klopft an die Tür. Ein verschlafener Hau Ruck öffnet, und wenig später sind die beiden unterwegs, um Nikos Schlitten zu reparieren.

Hau Ruck ist aber noch nicht richtig wach und zerbricht die zweite Kufe. Niko ist außer sich. »Sieh nur, was du angerichtet hast!« schimpft er.

»Was ist das für ein Lärm?« ruft
Hilda von ihrem Fenster aus.
Polizist Eilig erklärt, was
passiert ist. Und Hilda meint nur:
»Ich komme sofort!«

Sie bahnt sich einen Weg durch den tiefen Schnee.
Auf der Schulter trägt sie ihre Skier.

»Hier, Niko«, sagt sie, »du kannst deinen Schlitten
mit meinen Skiern reparieren.«

Hau Ruck will die Skier unter den Schlitten nageln.
»Nein, danke!« sagt Niko. »Das mach ich lieber selbst.«
Jetzt kann Niko die restlichen Geschenke verteilen.

Und was bekommt wohl Hilda
zu Weihnachten geschenkt?
EIN PAAR NAGELNEUE SKIER!

Das allerschönste Weihnachtsgeschenk

Am Abend vor Weihnachten hängen Pim und Pam ihre
Strümpfe vor dem Kamin auf. Drinnen ist es warm
und gemütlich, draußen aber schneit und stürmt es.
»Hoffentlich kann uns der Weihnachtsmann trotzdem
besuchen«, sagt Pim.

Sie stellen ihm einen Teller mit Plätzchen
und eine Tasse mit heißer Schokolade hin.

Dann gehen sie zu Bett und träumen von
den Geschenken, die er ihnen bringen wird.

Papi, Mami und Tante Rose bleiben auf.
Tante Rose ist nur für ein paar Tage
zu Besuch da. Deshalb haben sie eine
Menge zu besprechen.

Später zieht Papi Hut und Mantel an
und geht hinaus zur Garage.

Er schaufelt einen Weg durch den hohen
Schnee bis zur Straße. Warum tut er
das wohl noch zu so später Stunde?

Seht nur! Mami sitzt neben ihm im Wagen.
Was für eine Idee, in solch einer verschneiten
Nacht spazieren zu fahren!

Oh weh, jetzt bleiben sie auch noch in einer Schneewehe stecken!
Zum Glück kommt ihnen ein Abschleppwagen mit Schneepflug zu Hilfe.

Am nächsten Tag finden Pim und Pam all die vielen Geschenke,
die ihnen der Weihnachtsmann mitgebracht hat.

Pim bekommt eine Trommel, einen Schlitten, Skier, einen Malkasten,
ein Feuerwehrauto und drei Märchenbücher.

Pam findet eine Puppe, eine Puppenstube, auch ein Feuerwehrauto,
Schlittschuhe und vier Bücher über Dinosaurier.

Für Tante Rose gibt es zehn Fläschchen Parfum und
zwei Spitzentaschentücher.

Papi sieht einen neuen Rasierpinsel und zehn Krawatten.
Wie soll er sich nur entscheiden, welche er zuerst trägt?

Dann fragen Pim und Pam nach ihrer Mami.
Was hat sie denn bekommen? Und wo ist sie überhaupt?
»Mami mußte gestern nacht in die Stadt fahren,
um ihr Geschenk abzuholen. Es ist ein ganz besonderes
Weihnachtsgeschenk«, erklärt Papi überglücklich.
»Zieht schnell eure Mäntel und Mützen an.
Dann sehen wir nach, was sie bekommen hat!«

Sie fahren in die Stadt und halten vor dem Schaffenauer Krankenhaus.
Nun ratet mal, wer dort liegt?

Es ist Mami mit einem neugeborenen Baby!
Ist das nicht für alle das schönste Weihnachtsgeschenk,
das man sich vorstellen kann?

Herrn Borstels große Hilfe

Wer stapft denn da, als Weihnachtsmann
verkleidet, durch den Schnee?
Das ist ja Herr Borstel. Er ist bei
Familie Knolle zum Weihnachtsfestschmaus
eingeladen und möchte sich auf ganz
besondere Art bedanken.

Ulrich, Ulrike und Egon spielen
am Kamin. Plötzlich hören sie
ein seltsames Geräusch. Dann rieselt
Ruß auf den Kaminrost.
Ob der Weihnachtsmann ein zweites
Mal kommt?

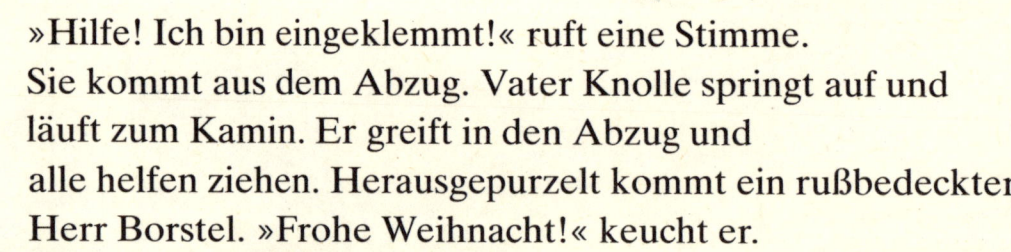

»Hilfe! Ich bin eingeklemmt!« ruft eine Stimme.
Sie kommt aus dem Abzug. Vater Knolle springt auf und
läuft zum Kamin. Er greift in den Abzug und
alle helfen ziehen. Herausgepurzelt kommt ein rußbedeckter
Herr Borstel. »Frohe Weihnacht!« keucht er.

Zuerst klopft er sich den pechschwarzen Ruß von seinem Anzug.
Der fällt auf den schönen, sauberen Teppich.
Dann möchte er beim Kochen helfen.
Auf dem Weg zur Küche rennt er gegen den Weihnachtsbaum.

BUMS! Der Baum fällt um! Ulrich und Egon müssen ihn
wieder aufstellen und neu schmücken.

Herr Borstel beschließt, einen Kuchen
zu backen, doch er schüttet den Teig
auf den Boden.

Der Kochtopf mit
den Kartoffeln explodiert
mit Donnergetöse.

Und der Truthahn im Backofen
brennt an. Rauch verbreitet sich
im ganzen Haus, und Herr Knolle muß
die Feuerwehr rufen.

»Tausend Dank, Herr Borstel«, stöhnt Frau Knolle,
»aber so eine Hilfe kann ich
wirklich nicht gebrauchen.«

»Ich will nur noch schnell das Wasser aufwischen«, sagt Herr Borstel.
Er stößt mit dem Schrubber so heftig gegen den Tisch, daß ein Tischbein bricht.
Alles fällt zu Boden. Wie soll Mutter Knolle jemals mit
dem Kochen fertig werden, wenn er in der Nähe ist?

Sie schiebt Herrn Borstel behutsam
zur Tür. Er aber stolpert und
stößt gegen den Eisschrank. Jetzt steht
wirklich alles auf dem Kopf!

Endlich ist Mutter Knolle allein in der Küche. Sie räumt auf und bereitet
dann einen köstlichen Weihnachtsschmaus zu. Die Kinder bringen das Essen
auf den Tisch. Um keinen Preis soll Herr Borstel etwas tragen!

Mmm! Das Essen ist köstlich, und alle genießen es – bis
der tolpatschige Herr Borstel die Soßenschüssel fallen läßt und
gegen den Krug mit Traubensaft stößt.
Jetzt ist das schöne Tischtuch lila!

Nun ist es Zeit für den Nachtisch.
Herr Borstel hat sich eine ganz besondere Überraschung
für Familie Knolle und ihre Gäste ausgedacht.
Es ist ein riesiger Kirschauflauf!
Er läuft in die Küche, um ihn zu holen.

Hier kommt er zurück. Seht nur, wie groß
der Auflauf ist! Herr Borstel muß ihn
auf seinem Kopf balancieren. Mmm, wird der gut
schmecken! Er trägt ihn sehr langsam und sehr
vorsichtig. Aufgepaßt, Herr Borstel! Da liegt
ein Spielzeug am Boden! Oh, nein...

Ihr habt sicher schon erraten, was passiert ist.
Nun, dies ist zwar das größte Weihnachtsdurcheinander,
das es je gegeben hat, aber wenigstens scheint doch jeder genug
Kirschauflauf zu bekommen!

Was schenken wir Großmutter zu Weihnachten?

Ulrich, Ulrike und Mutter Knolle wollen Großmutter ein schönes Weihnachtsgeschenk kaufen. Doch was sie sehen, ist entweder zu teuer, oder es hat nicht die richtige Farbe oder Größe. Da kommt Egon des Weges. Er rät ihnen zu einem ganz besonders ausgefallenen Geschenk, das sie sogar selbst basteln können. Es ist eine Nelkenkugel, und hier kannst du sehen, wie sie gemacht wird:

Besorg Dir einen schönen großen Apfel und ein Glas mit Gewürznelken.

Steck die Nelken in den Apfel, bis er ganz mit Nelken bedeckt ist.

Wenn du dann noch eine hübsche rote Schleife darum bindest, ist deine Nelkenkugel fertig. Großmutter braucht sie nur in ihren Wäscheschrank zu legen; dann duftet ihre Wäsche das ganze Jahr über herzhaft frisch und süß.

Die Fahrt zur Großmutter

Am ersten Weihnachtsfeiertag öffnet Vater Knolle die Haustür und sieht, daß es die ganze Nacht stark geschneit hat. »Hoffentlich schaffen wir's bis zur Großmutter«, sagt er.

Er schaufelt den Weg von der Garage bis zur Straße frei. Du meine Güte, das ist ja Schwerarbeit!

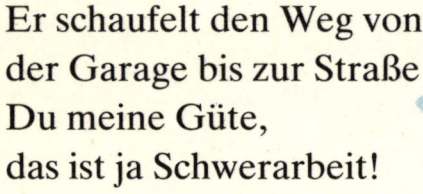

Sie fahren los, doch schon bald geraten sie in eine Schneewehe. Jetzt stecken sie fest.

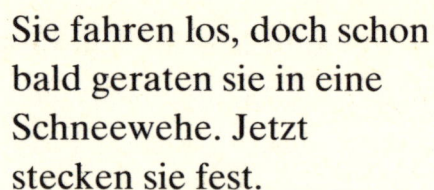

Bauer Wutz und Mini in seinem Zwergmobil eilen herbei, um sie herauszuziehen. Dabei bleiben sie aber selbst stecken!

Hau Ruck kommt mit seinem Abschleppwagen. Ihr habt's sicher schon erraten: Er bleibt auch stecken. Jetzt sitzen alle fest!

Zufällig kommt Egon mit seinem Apfelmobil und dem Schlittenanhänger vorbei.

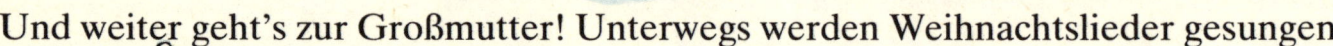

Und weiter geht's zur Großmutter! Unterwegs werden Weihnachtslieder gesungen.

Großmutter ist überglücklich, sie zu sehen. Und schaut nur, wie sie sich
über die Nelkenkugel freut! Jetzt wird ihre Wäsche
das ganze Jahr über köstlich duften. Es ist ein besonders liebes Geschenk...
und von besonders lieben Enkelkindern!

Das »Die Fahrt zur Großmutter«-Spiel

Dies sind die Regeln für das Spiel auf den nächsten beiden Seiten:

Ihr braucht vier Pfennige und ein kleines Pappviereck für jeden Spieler mit dem Anfangsbuchstaben seines Namens. Laßt euch beim Ausschneiden und Beschriften von eurer Mutti oder eurem Vati helfen.

1. Wer darf anfangen? Jeder Spieler muß die vier Pfennige auf den Tisch werfen. Der Spieler mit den meisten »Köpfen« beginnt, dann der mit den zweitmeisten, und so weiter. Jeder Spieler startet mit seinem »Springer« im Haus der Familie Knolle.

2. Wie wird gesetzt? Wenn du an der Reihe bist, wirf die vier Pfennige auf den Tisch. Soviele Köpfe, wie du geworfen hast, soviele Felder darfst du mit deinem Springer auf der Straße zu Großmutters Haus vorrücken. Triffst du auf ein Feld, auf dem schon der Springer eines anderen Spielers steht, so mußt du die nächste Runde aussetzen.

3. Belohnungen und Strafen: Wenn du auf einem Belohnungs- oder Straffeld landest, so mußt du tun, was dort geschrieben steht.

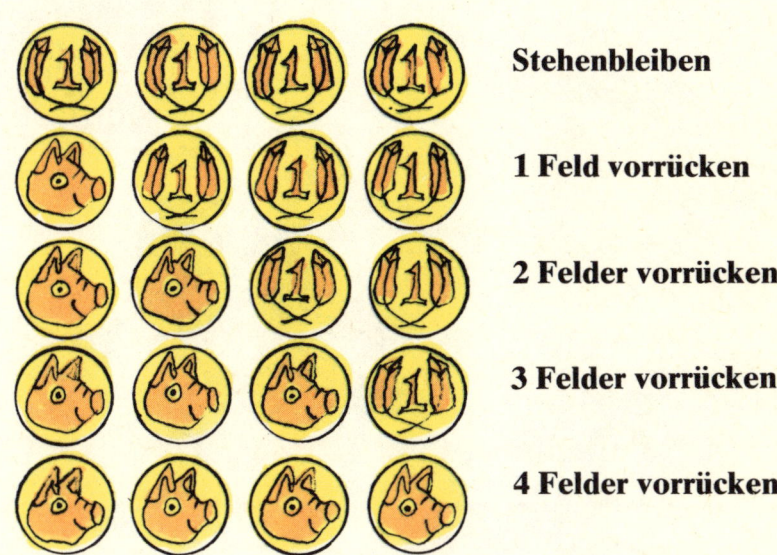

Stehenbleiben

1 Feld vorrücken

2 Felder vorrücken

3 Felder vorrücken

4 Felder vorrücken

4. Wer gewinnt? Der Spieler, der als erster Großmutters Haus erreicht, ist der Gewinner. Er oder sie bekommt einen Kuß von Großmutter.

Umleitung! 2 Felder zurück.

Rotes Licht! 1 Runde aussetzen.

Gas geben! 2 Felder vorrücken.

Schöner Wald! 2 Felder vorrücken.

Seitenwind! 1 Runde aussetzen.

Umweg! 1 Feld zurück.

Motorschaden! 1 Feld zurück.

Scheibe beschlagen! 1 Runde aussetzen.

Vorsicht, Fußgänger! 1 Runde aussetzen.

Gute Sicht! 2 Felder vorrücken.

Großmutters Haus ZIEL ...aber tritt dir bitte erst die Füße ab!

Huhn auf der Straße! 1 Feld zurück.

Sing »Stille Nacht«! 3 Felder vorrücken.

Lach mal! 1 Feld vorrücken.

Reifenpanne! 1 Runde aussetzen.

Die bösen Zwillinge

Es waren einmal Zwillinge mit Namen Kritz und Kratz. Sie waren so böse, daß jedem allein bei ihrem Anblick die Haare zu Berge standen. Sie waren aber auch wirklich unausstehlich.

Sie rauften gern und warfen andere in den Dreck.

Sie schrien immer gleich und ließen niemanden ausreden.

Sehr gerne zertrümmerten sie Teller und Tassen.

Auf dem Spielplatz nahmen sie kleinen Kindern das Spielzeug weg.

Sie aßen mit Händen und Füßen und bekleckerten sich von oben bis unten. Ihre Tischmanieren waren einfach schrecklich. Selbst ihre Mutter mußte zugeben, daß es nichts Ungezogenes auf der Welt gab, das ihre Zwillinge nicht schon ausprobiert hätten.

Der Weihnachtsmann aber bringt unartigen Kindern keine Geschenke. Stattdessen füllt er ihre Strümpfe mit schwarzen Kohlenstückchen.

So gab es für Kritz und Kratz an Weihnachten eine böse Überraschung. Zwei riesige Säcke mit Kohlen – das war alles, was ihnen der Weihnachtsmann mitgebracht hatte. Sie waren eben sehr böse gewesen!

KOHLE
MARKE:
EXTRA-SCHWARZ

KOHLE
MARKE:
PRIMA-FEUER

Kritz und Kratz waren furchtbar traurig. Sie wußten, daß der Weihnachtsmann sie für ihr Benehmen bestrafte. »Wir wollen von jetzt an liebe Kinder sein«, sagten sie zueinander.

Draußen spielten die anderen Kinder mit ihren neuen Schlitten. Kritz und Kratz schauten ihnen traurig zu.

»Wenn wir doch auch einen Schlitten hätten«, sagte Kritz.

»Viel wichtiger ist, daß wir wieder Strom haben«, sagte Polizist Eilig. »Durch den Schneesturm sind die elektrischen Leitungen beschädigt. Und ohne Strom können die Häuser nicht geheizt und der Weihnachtsbraten nicht gekocht werden.«

Kritz und Kratz hatten Mitleid mit all den Leuten, denen das Weihnachtsfest verdorben würde. »Jetzt können wir beweisen, daß wir gute Kinder werden wollen«, sagte Kritz zu Kratz. Sie erklärten Polizist Eilig ihren Plan. »Das ist eine ganz hervorragende Idee«, sagte er.

Polizist Eilig rief alle Kinder zusammen
und bat sie, mit ihren Schlitten zum Haus
der Zwillinge zu ziehen.

»Zu denen – nein« riefen die Kinder. »Den beiden fallen immer zwei
Gemeinheiten auf einmal ein!«
Doch Polizist Eilig beruhigte sie, daß sie nichts zu befürchten hätten.

KOHLE
FEUER

KOHLE
MARKE:
EXTRA-SCHWARZ

Als die Kinder zum Haus der Zwillinge kamen,
schleppten Kritz und Kratz ihre riesigen Kohlensäcke
vor die Tür. Dann füllten sie für jedes Kind eine
große Papiertüte voll mit Kohle.

Die Kinder trugen die Kohle nach Hause – als Brennstoff für den Picknick-Grill. In jenem Jahr wurden alle Weihnachtsbraten in Schaffenau auf Picknick-Grills gekocht!

Die Braten waren köstlich! Und die Grills gaben genug Hitze ab, um die Häuser warm zu halten, bis die Stromleitungen repariert waren.

Der Weihnachtsmann läßt im Feuerwehrhäuschen immer mehrere Spielsachen zurück, für den Fall, daß er versehentlich ein Kind vergessen hat. Als er von Kritz' und Kratz' guter Tat hörte, rief er sofort den Feuerwehrmann an und bat ihn, dafür zu sorgen, daß die Zwillinge doch noch zwei wirklich schöne Schlitten bekämen.

So wurden aus den bösen Zwillingen gute Zwillinge. Noch heute bekommen sie zu jedem Weihnachtsfest ein winziges Stück Kohle in ihren Strumpf. Das soll sie aber nur noch an ihre gute Tat an jenem kalten Christfest erinnern.

Winterliche Weihnachtsworte

Schornstein

Stern

Kranz

Karten

Strümpfe

Kamin

Kerze

Eßtisch

Schmuckwerk

Baum

Weihnachts-
geschenke

Küche

Köchin

Auflauf

Plätzchen

Truthahn

Schneeball

Sternsinger

Schneemann

Kirche

Schnee

Glöckchen

Vaters neue Krawatte

Mistelzweig

Wannenschlitten

Schlitten

Skier

Schneeburg

Sack

Hockeyschläger

Eis

Schlittschuh

Eisbahn

Herr Borstel als Weihnachtsmann

Fußspuren im Schnee

Stille Nacht, heilige Nacht

Melodie: Franz Gruber, 1787–1865
Text: Joseph Mohr, 1792–1848

Stil - le Nacht, hei - li - ge Nacht! Al - les schläft, ein - sam wacht nur das trau - te hoch - hei - li - ge Paar. Hol - der Kna - be mit lok - ki - gem Haar, schlaf in himm - li - scher Ruh, schlaf in himm - li - scher Ruh.

2. Stille Nacht, heilige Nacht!
Hirten erst kundgemacht;
durch der Engel Halleluja
tönt es laut von fern und nah:
Christ der Retter ist da.
Christ der Retter ist da.

3. Stille Nacht, heilige Nacht!
Gottes Sohn, o wie lacht
Lieb aus deinem göttlichen Mund,
da uns schlägt die rettende Stund,
Christ, in deiner Geburt.
Christ, in deiner Geburt.